SHOW MOM HOW
變身超級媽咪
圖解手冊

SHOW MOM

變身超級媽咪

大石文化**Boulder**Publishing

HOW

圖解手冊

新手媽咪的 166 個錦囊妙計
讓妳輕鬆成為超級媽咪

作者：莎拉‧海因斯‧史蒂芬斯
翻譯：鄭方逸

懷孕計畫

寶寶照護

快樂遊戲

準備

育兒

玩耍

莎拉的話

10　昭告天下

妳可以盡可能做好萬全準備（#25），但身為兩個孩子的媽，我可以向妳保證：沒有人真能完全準備好迎接新生兒的來臨（#1）。當妳一宣布自己懷孕了（#10），身邊的人就會開始雞婆地提供意見。這有時是好事（#55），有時卻讓人抓狂（#30）。

我能給的最好建議是：相信妳的直覺。從妳第一次聽到胎兒心跳（#14）、感覺胎動（#36）、注視他的雙眸（#50）起，就沒有人比妳更了解妳的寶寶（或妳的身體）了。妳就是自己最好的育兒顧問！所以，妳要多傾聽內心的聲音（#34），準備好應付眼前的硬仗（#79），不要吝於求助他人（#63），並且好好享受這個旅程吧（#106）！

79　換尿布

63　成立後援會

莎拉是一名母親、童書作家、園藝指導員。她會自製紙箱車（#157），喜歡跟孩子一起打水仗（#143）。她參與了八次生產過程（#48, #26），自己也生了兩個孩子（#29），但至今仍不敢相信每個人都是這樣來到世上的。雖然孩子現在都上小學了，莎拉玩起躲貓貓（#123）還是一把罩，能把孩子逗得樂不可支，不管發生什麼災難（#81）她都能從容應對。她要感謝她的媽咪後援會，還有住奧克蘭的孩子的爸，在這一路上的所有付出。

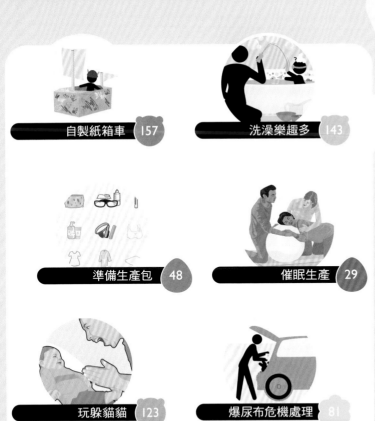

自製紙箱車 157

洗澡樂趣多 143

準備生產包 48

催眠生產 29

玩躲貓貓 123

爆尿布危機處理 81

如何使用本書

本書提供的重要資訊，幾乎都以插圖的方式呈現。大部分圖案本身提供的資訊就很齊全了，但有些則需輔以一些額外資訊，幫助讀者理解。以下為本書呈現的方式。

43 自製免織毛毯

剪兩塊刷毛布。	兩塊布疊在一起。	四個角落各剪下一塊正方形。	放置直尺。

自製花樣毛毯 120

剪出流蘇。	四邊都剪出流蘇。	每隔一對流蘇，打一個結。	翻面；將剩下的流蘇打結。

44 用模版畫裝飾育嬰房

清理牆壁表面。	放上模版。	用膠帶固定模版。	將油漆倒進盤子。

用刷子沾油漆。	吸掉多餘的油漆。	將油漆塗在模版上。	移除模版，等牆上的油漆乾。

✱ 為了妳和寶寶的安全，一定要保持房間通風，並選用揮發性有機化合物含量較低的油漆。

度量衡：倘若度量單位很重要，就會出現在圖框中。

2杯　　　3英呎
（475毫升）（1公尺）

更多資訊：在*星號之後額外加註該步驟的實行方式和原因。

工具：該活動需要的所有工具會標示在工具列上。要是看不懂，可以翻到本書最後查詢工具索引表。

交叉引用：我們會指出與該項內容相關的資訊。只要跟著連結走，就能找到相關或有趣的訊息。

自製花樣毛毯 120

放大：這些小圈圈會放大步驟中的重要細節，或顯示需詳加注意的關鍵點。

圖示指南：書中隨處可見一些有用的小圖示，解釋該怎麼做。以下為常見圖示：

 從事時間較短的活動時，可用計時器估算所需時間。

 將圖示動作重複指定的次數。

 該活動需要幾天、幾週或幾個月，都顯示在月曆上。

 好臭，快薰死啦！進行動作之前，記得先開窗。

 有些動作需要在特定溫度下進行，所以要先查看溫度計。

 到底要用多大火候呢？依火焰數分別代表小火、中火或大火。

安全須知：從事書中的活動時，務必確保妳和孩子的安全。以下是一些需牢記在心的安全準則：

- 懷孕期間和生產後，做任何運動前都要先諮詢過醫生。若發現身體狀況讓妳無法或很難進行某些活動，也記得詢問醫生。

- 活動進行時，無論如何不要讓孩子獨處、無人看顧，就算只是一下子也不行。尤其涉及戲水的活動更要小心，不要讓孩子有溺水的風險。

- 把硬幣和糖果之類的小東西，收在寶寶拿不到的地方。任何小於1又3/4英吋（4.5公分）的物品，如橡膠氣球，甚至是一張紙，都可能導致窒息。有個很好用的經驗法則：任何小到能穿過捲筒式衛生紙捲的東西，都不適合拿來玩。

- 任何超過7英吋（18公分）長的繩子都要收好。絕不要讓孩子在無人看顧的情況下玩弄緞帶或細繩，以免勒到脖子。

- 嘗試所有活動之前，都要先評估孩子的發育狀況，看看是否合宜。無論書寫用具或勞作材料，都要使用無毒產品，產品本身也必須通過適合寶寶年齡的安全測試。

- 若想知道居家環境對寶寶而言是否安全，請參考#45。舉例來說，一旦寶寶已經可以用手和膝蓋撐起身體，就要拿掉嬰兒床上的懸掛式玩具。

雖然大家都說「每個新手媽媽都還沒做好心理準備」，但妳至少可以把身體狀況先調整好，免得到時候筋疲力竭。吃得健康嗎？健康！有吞維他命嗎？有！去看醫生了嗎？會去看！有沒有做愛做的事？嘿嘿⋯⋯總算講到重點了。（喂，生命的意義，本來就是要創造宇宙繼起之生命呀！）一旦努力有了結果，妳腹中的胚胎將在大約40週內，從單一細胞長成幾乎是完整的個體。胎兒在改變，妳也是，什麼都來了！晨吐啦，寶寶在肚子裡迴旋踢啦，還有其他難以啟齒的毛病。但另一方面，妳的頭髮會變得閃亮動人，指甲變得堅韌，胸部也變得超級性感。妳也可以利用這段時間好好打理家中需要的設備，儲備新生兒用品。如此一來，等到新生命降臨的那天，妳就能對他說：「小寶貝，歡迎回家。」

準備

妳,準備好了嗎?

妳喜歡逗弄別人家的小孩。

妳的財務狀況井然有序。

65 讓寶寶與寵物相見歡

妳溺愛寵物。

親友就住在附近,方便支援。

妳喜歡看(甚至蒐購)嬰兒用品。

妳覺得孕婦看起來容光煥發。

妳知道新手父母永遠準備不完。

戒掉所有壞習慣。

吃得健康。

保持好身材。

與醫生諮商。

解決牙齒的問題。

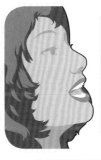

吃孕婦專用維他命。

扔掉避孕藥。

努力做人！

吃得營養可幫助受孕 3

葉菜類富含鐵質，對受孕
非常重要。

單元不飽和脂肪可幫助
保持荷爾蒙平衡。

植物性蛋白質可促進排卵。

柑橘類水果富含葉酸，
是胎兒發育的關鍵。

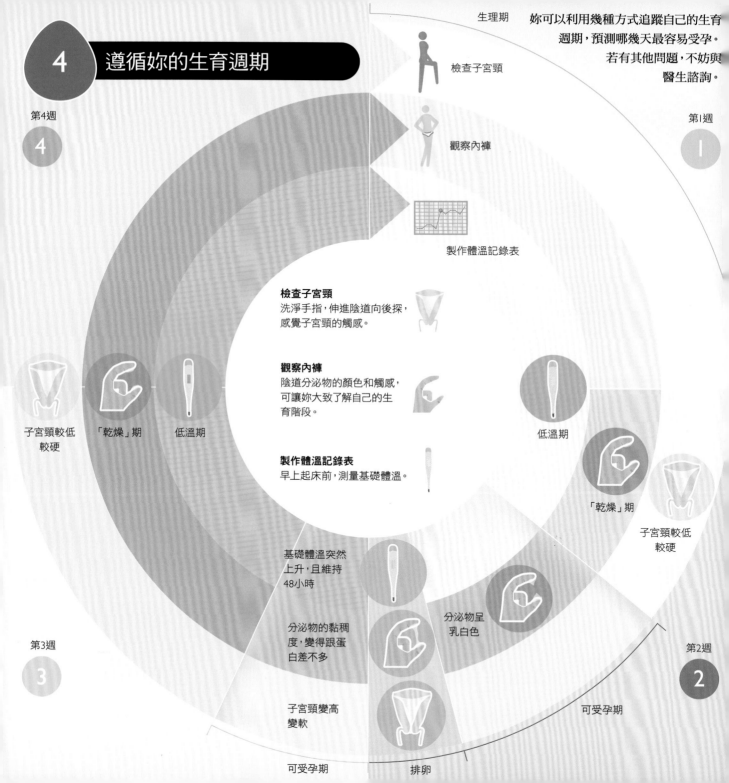

遵循妳的生育週期

4

第4週

4

生理期

檢查子宮頸

觀察內褲

製作體溫記錄表

妳可以利用幾種方式追蹤自己的生育週期，預測哪幾天最容易受孕。若有其他問題，不妨與醫生諮詢。

第1週

1

檢查子宮頸
洗淨手指，伸進陰道向後探，感覺子宮頸的觸感。

觀察內褲
陰道分泌物的顏色和觸感，可讓妳大致了解自己的生育階段。

製作體溫記錄表
早上起床前，測量基礎體溫。

子宮頸較低較硬

「乾燥」期

低溫期

低溫期

「乾燥」期

子宮頸較低較硬

基礎體溫突然上升，且維持48小時

分泌物的黏稠度，變得跟蛋白差不多

子宮頸變高變軟

分泌物呈乳白色

第3週

3

第2週

2

可受孕期

可受孕期

排卵

可受孕期

選擇能更深入的做愛體位，讓精液盡可能留存在靠近子宮頸的位置，增加受孕機會。

傳教士式最容易成功。

狗爬式體位。

湯匙式體位。

讓男生在上位。

避免直立式體位。

帶著Y染色體的精子游得比較快，但生命週期也較短。若想生個男孩，不妨調整妳的性生活常軌，幫助這些飛毛腿衝向萬事俱備的卵子！

攝取富含鉀的食物。

做愛前讓男生喝咖啡。

採用深入的體位。

排卵後做愛。

帶著X染色體的精子比帶Y染色體的精子較慢抵達卵子，但生命週期卻較長。若想生個女孩，妳可以調整受孕狀況，幫助這些行動較緩慢但較持久的精子。

攝取富含鎂的食物。

做愛前讓男生泡個澡。

採用傳教士式體位。

排卵前做愛。

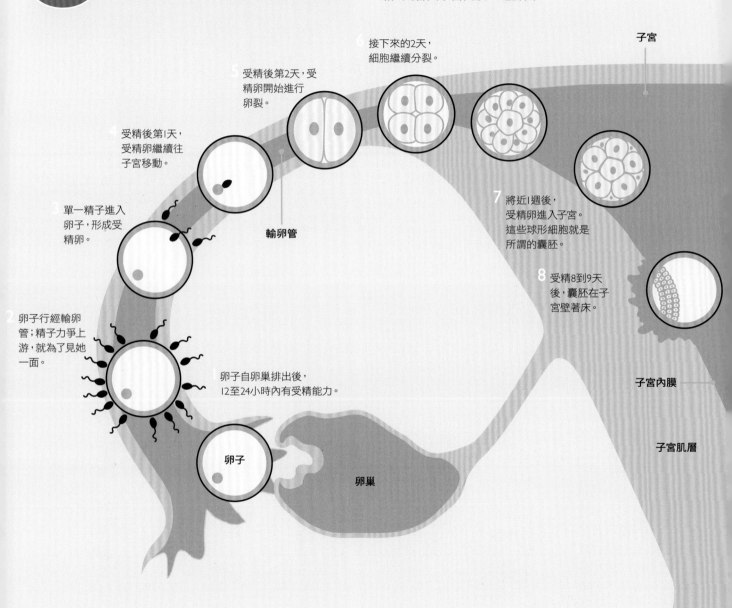

每個月一次的排卵過程中，卵巢都會釋出一顆成熟的卵子。卵子若在前往子宮的途中受精，就會在子宮著床。若未受精，則會與子宮內膜一起排出。

6 接下來的2天，細胞繼續分裂。

5 受精後第2天，受精卵開始進行卵裂。

4 受精後第1天，受精卵繼續往子宮移動。

3 單一精子進入卵子，形成受精卵。

2 卵子行經輸卵管；精子力爭上游，就為了見她一面。

1 卵子自卵巢排出後，12至24小時內有受精能力。

7 將近1週後，受精卵進入子宮。這些球形細胞就是所謂的囊胚。

8 受精8到9天後，囊胚在子宮壁著床。

子宮

子宮內膜

子宮肌層

輸卵管

卵子

卵巢

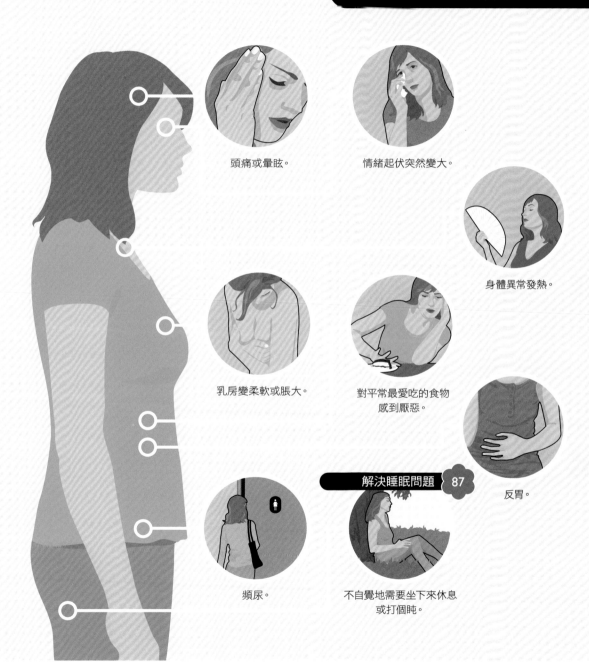

頭痛或暈眩。

情緒起伏突然變大。

身體異常發熱。

乳房變柔軟或脹大。

對平常最愛吃的食物感到厭惡。

反胃。

頻尿。

解決睡眠問題　87

不自覺地需要坐下來休息或打個盹。

獨自享受這一刻。

打包證物。

更新採買清單：蛋、牛奶、尿布。

放些小東西來暗示。

製作電影海報。

寄出超音波圖。

送給親友一份可以開心穿上的禮物。

準備一份（奶）瓶中信。

多擺一套餐具。

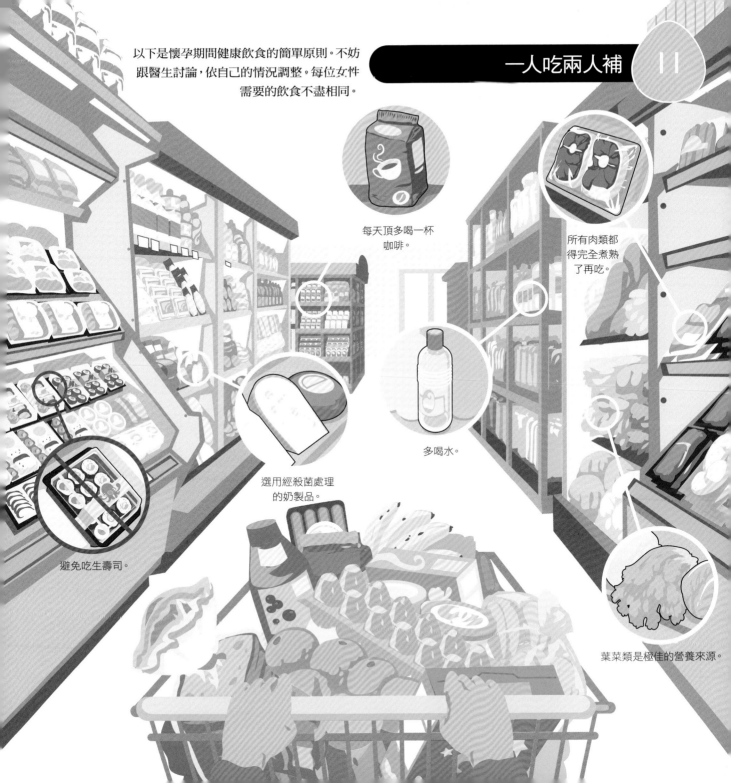

以下是懷孕期間健康飲食的簡單原則。不妨跟醫生討論，依自己的情況調整。每位女性需要的飲食不盡相同。

每天頂多喝一杯咖啡。

所有肉類都得完全煮熟了再吃。

多喝水。

選用經殺菌處理的奶製品。

避免吃生壽司。

葉菜類是極佳的營養來源。

12 超級準媽媽，變身！

超人般的靈敏嗅覺。

足以影響交通的魔鬼身材。

指甲又長又堅韌。

容光煥發。

13 追蹤胎兒發育

9個月內，妳的寶貝會從一顆種籽的大小，長成如一球圓圓的熟西瓜。身體的重要器官和其他大小細節（包括妳不久後會握著不斷細語呢喃的小腳趾），都在這段時間裡慢慢成形。

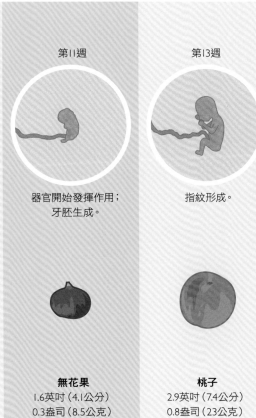

第3-4週	第7週	第11週	第13週
開始形成器官。	長出手腳。	器官開始發揮作用；牙胚生成。	指紋形成。
罌粟籽	**藍莓**	**無花果**	**桃子**
0.08英吋（0.2公分）	0.6英吋（1.5公分）	1.6英吋（4.1公分）	2.9英吋（7.4公分）
0.01盎司（0.3公克）	0.04盎司（1公克）	0.3盎司（8.5公克）	0.8盎司（23公克）

秀髮亮麗。

心臟變超大。

情緒高漲。

能夠創造新生命！

第15週	第17週	第19週	第22週	第36週

開始吸吮手指；
味蕾形成。

開始出現臉部表情；
指甲形成。

感官開始作用；
長出頭髮。

開始回應外界刺激；
眼皮形成。

脂肪層形成；
肺部準備開始運作。

柳橙
4英吋（10.2公分）
2.7盎司（76.5公克）

大酪梨
5.1英吋（13公分）
4.9盎司（139公克）

芒果
6英吋（15.2公分）
8.5盎司（241公克）

黃節瓜
11英吋（27.9公分）
15.2盎司（431公克）

西瓜
18.7英吋（47.5公分）
5.8磅（2.6公斤）

如何解讀超音波圖

聲譜圖（又稱超音波圖）的原理，是用聲波來「看」妳肚子裡的寶寶。這個檢查很有用，可幫助我們了解幾件事：

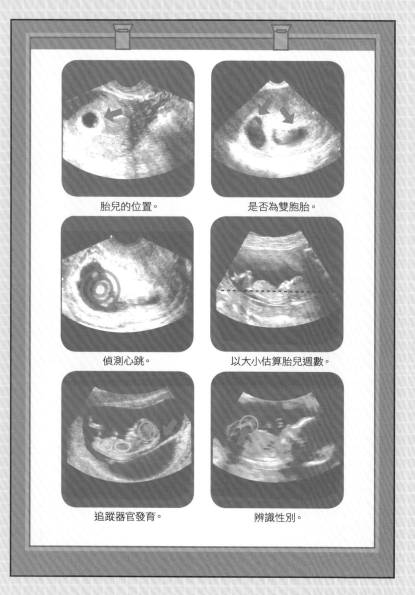

胎兒的位置。

是否為雙胞胎。

偵測心跳。

以大小估算胎兒週數。

追蹤器官發育。

辨識性別。

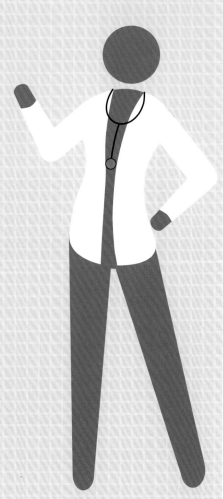

少量多餐、口味清淡。

在床上享用早餐。

嗅聞一些清香的味道。

飲用檸檬水補充水分。

吃愛吃的食物。

戴防暈手環。

萬一上述方法都無效，就隨身攜帶備用衣物和清理用具。

穿粗低跟鞋。

抬高腿腳。

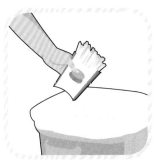

減少鹽分攝取。

多吃小黃瓜和西瓜。

多喝水。

站立時,將一腳抬高。

向痠痛處彎身。

在皮膚緊繃處塗上乳液。

讓下背部有支撐物可靠。

床墊下放木板,強化支撐。

使用薰衣草精油熱敷。

穿上托腹帶。

不要穿平底拖鞋。

若要移動重物,請別人代勞。

抬頭挺胸。

不要突然做大動作。

少吃辣或油膩的食物。

避免同時攝取高油脂食物和甜食。

餐餐輕食。

餐間多喝水。

吃蘋果。

請醫生開制酸劑。

飯後上身保持直立。

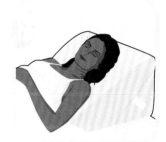

把枕頭墊高。

保持房間涼爽（並保持昏暗）。

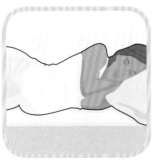

左側睡。

用枕頭增加支撐。

經常小睡片刻。

20 貓牛式伸展操

手腕撐在肩膀下方，
膝蓋則在屁股下方。

吸氣，腳趾向下彎，腹部稍微
下沉，眼睛直視前方。

吐氣，腳背貼地，拱背，
頭部下沉。

重複以上兩個步驟。

21 鞋匠式伸展操

背部挺直而坐。

腳底板相互靠攏。

輕輕讓膝蓋下沉；
手壓攏雙腳。

身子向前傾，進一步伸展。

22 鴿式伸展操

右腳擺在左膝上，
活動右腳。

雙手手心向上，
擺在右腳上。

身子向前傾，
伸展臀部。

呼吸，向後靠。
抬起左腳重複動作。

色彩豐富的寬鬆上衣。

上班時可穿時髦外套。

穿著成熟、性感。

大件的黑色小洋裝。

輕便背心，多層次搭配。

緊身上衣，展露身材。

穿上妳最愛的外套，敞開拉鍊。

穿著比基尼，全都露。

用兩條OK繃在肚子上打個叉，
可以壓住突出的肚臍。

寬鬆的長版上衣。

加寬的舊牛仔褲。

穿戴首飾轉移目光。

深色V領衫。

25 製作40週懷孕計畫

40週乍聽之下似乎很久，其實一轉眼預產期就到了。妳可以在這個大日子來臨之前，盡量將該做的事情做完，之後才好專心照顧新生兒。

第1-4週	第5-8週	第9-12週	第13-16週	第17-20週
了解自己的生育週期。	驗孕。	研究並安排想做的產檢。	通知更多親友。	更新遺囑或信託；考慮加買壽險。
開始（或繼續）服用孕婦專用維他命。	估算預產期。	盡量避免泡熱水，例如三溫暖或熱水浴。	借或買一些孕婦裝。	報名媽媽教室。
努力做人。	與親近的親友分享好消息。	收集關於懷孕、育兒和寶寶命名的書。	列出想取的名字。	說話、唱歌、或演奏音樂給寶寶聽。
不沾酒；一天不攝取超過200毫克的咖啡因。	選擇生產醫院（婦產科或助產士）。	計畫產假。	報名孕婦運動課程，認識更多準媽媽。	研究較昂貴的嬰兒商品，例如嬰兒床和推車。

第21-24週	第25-28週	第29-32週	第33-36週	第37-40週
預約生產中心或醫院。	選擇小兒科醫生。	熟悉醫院或生產中心的環境。	挑選寶寶出生卡。	探查前往醫院或生產中心的最佳路徑。
僱用生產教練或陪產婦。	佈置育嬰房。	添購大型哺乳內衣。	準備生產包。	用嬰兒洗衣精洗滌新生兒衣物。
報名嬰兒心肺復甦術和急救課程。	多讀育兒書。	與醫生討論生產計畫。	添購並加裝嬰兒汽車座椅。	備妥嬰兒必需用品。
決定要不要幫新生兒割包皮。	面試挑選未來褓姆。	辦一場準媽媽送禮派對。	安排好離家時的寵物照料。	備妥擠乳器。

26　什麼是無痛分娩

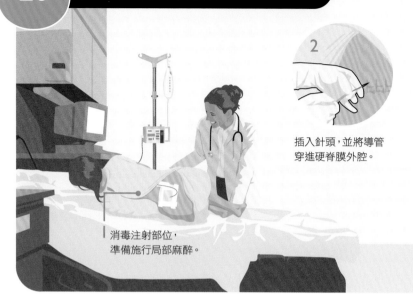

消毒注射部位，
準備施行局部麻醉。

插入針頭，並將導管
穿進硬脊膜外腔。

移除針頭，留下導管以
進行靜脈麻醉。

陣痛緩和。

27　水中生產

在家或生產中心
架設產池。

3 產婦在生產過程
可進出產池。

4 產出寶寶，直接進入溫水
（華氏95-100度／攝氏35-38度）。

寶寶被抱出水面後，
開始呼吸。

2 生產教練或伴侶可以
一同進入產池。

施行局部麻醉。

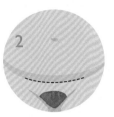

2 外科醫生在與恥毛齊平的上方，
割一道「比基尼切口」。

3 劃第二刀切開子宮。

4 弄破羊膜囊後，
10分鐘內將胎兒抱出來。

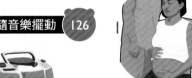

1 生產之前，產婦和伴侶都要
一同參加訓練課程。

2 將產房佈置成一個
安穩的環境。

3 產婦在產程中自我催眠，
以克服恐懼、減輕疼痛。

4 產婦進入深層的放鬆
狀態，順從身體的訊號
生產。

30 如何避免不請自來的碰觸

用手護住肚子。

穿上「請勿觸摸」的警示。

用肩膀阻隔騷擾者。

31 孕期性生活

湯匙式。

女上男下。

降低對腹部的壓迫。

手動式。

慢慢向後退。

以毒攻毒。

威脅對方：若不收手我就要尖叫了。

展露新的性感曲線。

和他分享妳的感覺。

增加親密接觸。

以幽默感消除彆扭。

荷爾蒙和身體的變化，會讓妳覺得性感無比，或渾身不自在……
甚至兩種感覺都有。這種起伏不定的感覺，是非常正常的反應。
最重要的是，做妳自己覺得舒服的事。

享受產前按摩。

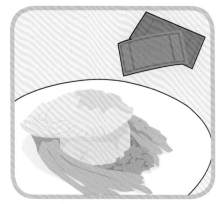

出門享用晚餐、看場電影。

與朋友相聚。

利用週末出門遊玩。

輕鬆享受水中運動。

與其他媽媽或準媽媽聊天。

修剪頭髮或做髮型。

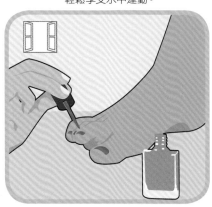

擦一些不含人工化學物質的指甲油。

將別人自以為是的建議拋諸腦後。

用一些安撫人心、具靈性的物品佈置環境，然後找個舒服的姿勢坐下。放鬆呼吸，感覺空氣在體內自由流動。輕鬆看待心中冒出來的念頭，將注意力拉回呼吸上。

如果有聲音讓妳分神，在心中標記「這是噪音」，然後將注意力拉回呼吸上。

如果妳感到焦慮、挫折，或出現其他感覺（包括正面情緒），告訴自己「這是情緒」，然後將注意力拉回呼吸上。

如果妳發現自己心裡正在盤算未來，就對自己說「這是思緒」，然後將注意力拉回呼吸上。

如果妳感覺到搔癢或麻痛感，告訴自己「這是外在感官」，然後將注意力拉回呼吸上。

打坐除了可以讓妳放鬆、增加身心的連結，也對妳和胎兒的健康有益。每天花幾分鐘打坐，有助於減少壓力荷爾蒙。

研究顯示，寶寶會認得在媽媽肚子裡聽到的聲音和音樂。胎兒早期聽到的聲音，可能會影響日後的音樂喜好和語言能力。

傾聽胎兒心跳，
可以迅速增進親子感情。

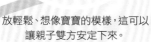

放輕鬆、想像寶寶的模樣，這可以
讓親子雙方安定下來。

按摩肚子能促進分泌有助於
放鬆的荷爾蒙。

與寶寶分享妳最愛的音樂。

大聲閱讀或唱歌！寶寶喜歡在媽媽
肚子裡聽到的聲音。

讓親密的家人跟寶寶講話，熟悉
的聲音會安撫寶寶。

當妳感覺到胎兒正在活動，在肚子上
輕敲一些節奏，等待回應。

砰！啪！寶寶在裡面做什麼？每個寶寶動作的方式和頻率都不一樣，通常從第18週開始活躍，產前最後幾週又慢了下來。妳可能會感覺到寶寶以下幾種動作：

初期胎動
第18－24週
寶寶的最初動作，有點像翅膀在拍打的感覺。

踢
第18－25週
寶寶開始定期拳打腳踢。

打嗝
第18－24週
若偶爾感覺肚子抽搐，可能是寶寶在裡頭打嗝。

跳
第24週
外界的大聲響可能會讓寶寶嚇得跳起來。

伸展
第27週
寶寶的空間越來越小，因此手肘、膝蓋或腳後跟這些堅硬的部位，會開始向外推。

龐克寶寶勁舞 162

大力撞
第36週
寶寶長大許多了，拳打腳踢的力道可能會讓妳透不過氣來！

戳
第29週
按一按肚子，寶寶可能會推回來喔！

下降
第36週
寶寶的頭沉向子宮頸，妳可能會發現呼吸變得稍微容易些。

37　看孕婦猜性別

羊膜穿刺術和超音波掃描，都可以確切告訴妳胎兒性別。但妳也可以參考一些民間說法，來猜猜寶寶的性別。很好玩的！

肚子低沉、呈圓形

男孩

 雙手乾裂

 嗜吃蛋白質食品

 雙腳發冷

 靠左側睡比較舒服

女孩

 雙手柔軟

 嗜吃水果、巧克力

 長出腿毛

 靠右側睡比較舒服

肚子高起、形狀較寬

38　性別占卜

用長繩子綁住吉祥物。

在肚子前面晃一晃。

左右或前後晃代表懷男生。

繞圈圈代表懷女生。

 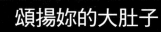

頌揚妳的大肚子 39

寫心情日記。

跳肚皮舞。

埃及命名大典 62

在肚皮上畫印度彩繪。

拍寫真集。

鑄造孕肚模型 40

將繃帶剪成三角形。

混合石膏水。

肚皮塗上凡士林。

將繃帶沾上石膏水，敷在肚皮上。

迅速貼滿肚皮。

最後才貼胸部。

15
分鐘

等石膏乾。

畫上裝飾即可展示。

41 佈置育嬰房

裝上有襯裡的窗簾，寶寶小睡時可保持房間陰暗。

將尿布放在伸手可及的地方。

安全束帶可以讓寶寶安全躺在尿布台上。

使用小型衣架，避免寶寶的衣服變形。

調整室內溫度，保持涼爽（大約華氏68度／攝氏20度）。

架設寶寶監視器，離嬰兒床5-10英呎（1.5-3公尺）遠。

洗衣籃和垃圾桶放在能輕鬆擲入的距離。

小於2又3/8英吋（6公分）

注意嬰兒床柵欄的縫隙不能太大。

床墊應緊依著柵欄，床單塞進床墊下。床上不要留下任何多餘的毯子、玩具或枕頭。

 床上懸掛式玩具的高度，必須離寶寶至少1又1/2英呎（0.5公尺）以上。寶寶可用手和膝蓋撐起身體後，就要將玩具撤掉。

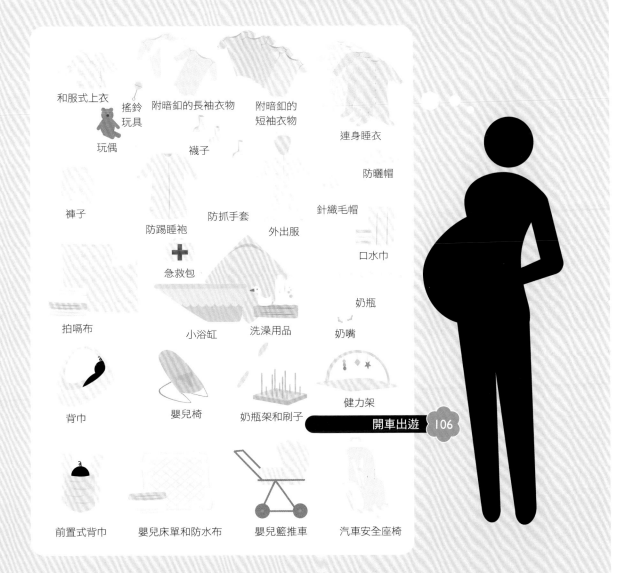

和服式上衣　搖鈴玩具　附暗釦的長袖衣物　附暗釦的短袖衣物

連身睡衣

玩偶　　　　　　襪子

防曬帽

針織毛帽

褲子　　　　　　防抓手套

防踢睡袍　　　　外出服

口水巾

急救包

奶瓶

拍嗝布　　小浴缸　　洗澡用品　　奶嘴

健力架

背巾　　嬰兒椅　　奶瓶架和刷子

開車出遊 106

前置式背巾　嬰兒床單和防水布　嬰兒籃推車　汽車安全座椅

43　自製免織毛毯

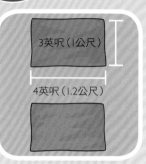

3英呎（1公尺）

4英呎（1.2公尺）

剪兩塊不織布。

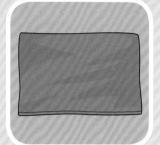

兩塊布疊在一起。

4英吋（10公分）

4英吋（10公分）

四個角落各剪下一塊正方形。

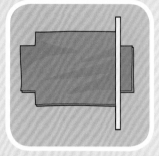

放置直尺。

44　用模版畫裝飾育嬰房

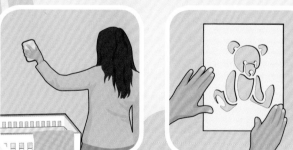

清理牆壁表面。

放上模版。

用膠帶固定模版。

將油漆倒進盤子。

為了妳和寶寶的安全，一定要保持房間通風，並選用揮發性有機化合物含量較低的油漆。

剪出流蘇。

四邊都剪出流蘇。

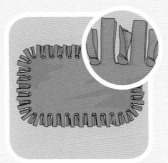

每隔一對流蘇，打一個結。

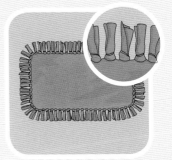

翻面；將剩下的流蘇打結。

用刷子沾油漆。

廚房紙巾

吸掉多餘的油漆。

將油漆塗在模版上。

移除模版，等牆上的油漆乾。

在第一個圖中：1/2英吋 (1.25公分)

想為寶寶佈置一個安全的環境，最重要的就是要用寶寶的角度來思考。不妨蹲下身子，在地板上到處爬，用寶寶的高度來檢查房間是否安全。當寶寶長大一些了，也要重複檢查。

浴缸裡放防滑墊。

將書架固定在牆上。

安裝馬桶鎖。

拔掉電器用品的插頭，和藥品一起放在高處。

將熱水器溫度調至華氏120度（攝氏49度）。

將清潔劑收在寶寶拿不到的地方。

在家具較低處的銳角上裝設防撞墊。

用集線器收整電線。

將窗簾拉繩收在寶寶拉不到的地方。

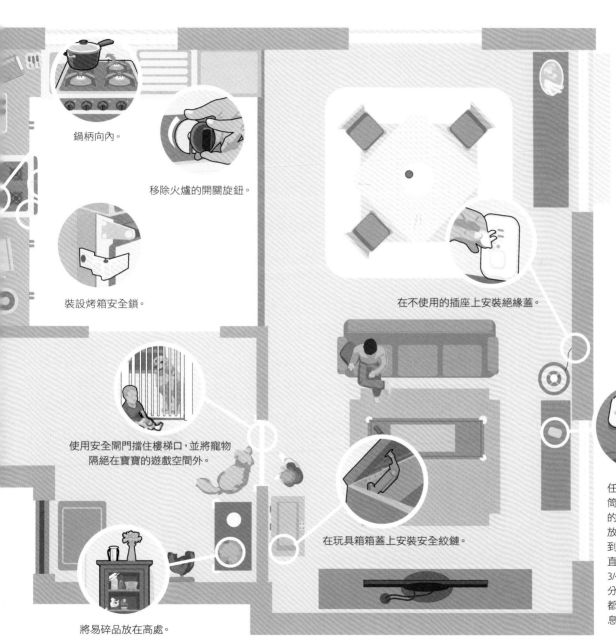

鍋柄向內。

移除火爐的開關旋鈕。

裝設烤箱安全鎖。

在不使用的插座上安裝絕緣蓋。

使用安全閘門擋住樓梯口,並將寵物隔絕在寶寶的遊戲空間外。

在玩具箱箱蓋上安裝安全絞鏈。

將易碎品放在高處。

任何可塞進捲筒式衛生紙捲的物品,都要放在寶寶拿不到的地方!凡直徑小於1又3/4英吋(4.5公分)的小東西,都可能造成窒息危險。

46 如何自然催產

這些自然催產的方式，只有在胎兒足月（滿40週後）的情況下才能採用。務必先與醫生諮商。

多吃熱帶物產或辣的食物。

在一杯水（240毫升）中加入4小匙蓖麻油

飲用蓖麻油水。

多散步。

請孩子的爸幫忙。

47 穴道按摩催產

捏揉虎口。

用力壓踝骨之上距離四指幅處。

找到斜方肌與頸部相連的位點，往下距離四指幅處，間歇性按壓。

輕輕按摩乳頭，刺激子宮收縮。

別忘了從家裡帶一些個人用品到醫院。產婦可打包一個小袋子，產婦的幫手則負責其他必要用品。

紙筆

不同枕頭套的枕頭

親友聯絡簿

醫院附近的地圖

手機和充電器

使用販賣機時需要的現金和零錢

按摩精油和網球

MP3播放器和底座

尿布包

化妝梳理小物

洗髮精和體香膏

牙膏牙刷

手錶

零食

安全座椅

備用毛毯

照相機和電池

換洗衣物

產婦的幫手該準備哪些東西

洗髮精和體香膏

消毒濕紙巾

硬糖果

化妝品

（隱形）眼鏡和清潔用品

護唇膏

洗手乳和護手霜

髮飾和梳子

哺乳內衣

生產衣

換洗衣物

醫療相關文件

備用內褲

出院時要穿的衣物

懶人鞋

產婦自己該準備哪些東西

計程車內生產

停下計程車。

彎腰屈膝，善用地心引力。

小心接住寶寶。

擦拭寶寶的臉。

綁住臍帶。

緊抱胎兒，幫助保溫。

可能的話即刻開始哺乳。

趕緊前往醫院。

計程車

孩子出生後，馬上與寶寶享受肌膚之親。

緊抱寶寶，親餵或瓶餵。

雖然寶寶的眼睛還無法聚焦，妳還是可以和他對望。

唱歌或柔聲説話。寶寶早就認得妳的聲音了。

每個寶寶都很美麗，但如果妳發現妳的寶寶身上有一些看似不自然的細毛、腫塊或斑痕，也不用太緊張。

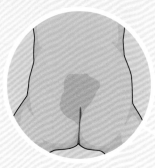

蒙古斑
這些看似瘀青的斑點，
其實只是無害的黑色素斑。

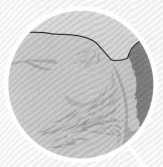

胎毛
背部、四肢和肩膀上的
絨毛，過幾天就會消失。

變色
寶寶手腳泛藍；等寶寶血液
循環變好後，手腳自然
會變回粉紅色。

腫脹
母親體內的荷爾蒙會引起
寶寶胸部和生殖器腫脹。

別讓衣物摩擦到寶寶的肚臍。

胎脂
當寶寶還在羊水中，這層白色的厚物質可以保護寶寶的皮膚。

頭部變形
寶寶在產程中通過狹窄的產道，因此頭很容易被拉長。一、兩天後寶寶的頭形就會恢復正常。

幫寶寶穿上柔軟寬鬆的衣服。

送子鳥叼痕
粉紅或紅色斑塊，會慢慢消失。

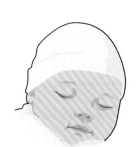

幫寶寶戴帽子保暖。

粟粒疹
白色小斑點或胎兒粉刺，是油脂累積造成的。

壓痕
眼腫和鼻扁都只是暫時的現象。

備妥小毯子和備用衣物。

53 新生兒抱法

在不同情況下，我們會用不同的方式抱寶寶。肚子朝下的橫抱有助於寶寶排氣，搖籃式抱法在哄睡時則很有用。

搖籃式

橄欖球式

肚子朝下橫抱

直立式

不管採用什麼抱法，在寶寶脖子變硬前，記得要用手或手臂支撐住寶寶的頭部。

54 刺激寶寶的感官

抱著寶寶做家事。

帶寶寶出門。

112 刺激寶寶的早期視覺

用對比強烈的圖案吸引寶寶的目光。

對寶寶唱歌、說話。

穿著睡衣。

接受幫助，不要堅持接待客人。

不接電話、不應門。

不必堅持每件事都要自己來。

坐浴可以減緩疼痛。

多喝水、多攝取纖維質。

在浴室裡放置簡易清潔用品組。

跟著寶寶一起睡覺。

種一棵胎盤樹 56

在院子裡挖個洞。

放入寶寶的胎盤，覆上泥土。

將樹苗放進洞裡。

看著寶寶與小樹一起長大。

這下護士真的把寶寶交給妳了，這個小陌生人就這樣從妳身子裡冒出來，如奇蹟一般（好啦，我知道這並不是妳當初期待的部分），而寶寶現在要跟著妳回家了。別擔心，照顧寶寶妳沒問題的，雖然一開始妳襁褓的技術可能會讓那些兒科護士笑掉大牙，而且妳老是搞不清楚安全座椅的扣栓（LATCH）系統，跟哺乳時寶寶吸附乳頭（latch）的姿勢到底有沒有關係。如今，妳要面對不斷冒出來的髒衣服、讓經前症候群黯然失色的荷爾蒙起伏、還有無止盡的熬夜（大學時代的夜夜笙歌跟現在相比，簡直就像是兒戲）。然而，即使一開始笨手笨腳，慢慢地妳仍會找到最適合寶寶的照顧模式（我跟妳保證！）。日夜無休地付出究竟值不值得？當寶寶第一次對著妳笑、向妳踏出第一步、第一次喊「媽媽」的時候，妳就知道答案了。

育兒

57 印第安霍比族的日出禱告

為寶寶命名，讓大自然和人們迎接寶寶的降臨。

寶寶在室內時，取兩支形狀完美的玉米，放在寶寶兩側。

寶寶在室內度過頭19天後，帶著他迎接日出，並告知他的名字。

寶寶的新名字會跟著他直到21歲，之後會擁有另一個成年名字。

58 東正教的受洗儀式

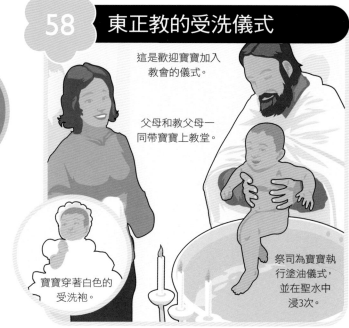

這是歡迎寶寶加入教會的儀式。

父母和教父母一同帶寶寶上教堂。

寶寶穿著白色的受洗袍。

祭司為寶寶執行塗油儀式，並在聖水中浸3次。

59 彌月慶賀

中國傳統是在寶寶出生1個月後慶賀。

幫寶寶剃胎毛，慶祝滿月。

穿著虎衣，保佑寶寶平安健康。

準備醃紅薑。

讓客人帶水煮紅蛋回家。

客人將彌月禮金放在紅包裡，表示祝福。

60 約魯巴式祈福

讓寶寶嚐各種具象徵意義的食物，作為祝福。

寶寶雙腳著地，在大人引導下踏出第一步。

水
潔淨

油
平靜

可樂果
長命百歲

薑
對健康有益

肉乾
大地的恩賜

糖和鹽巴
多采多姿、充滿喜樂

幫寶寶穿新衣。

在寶寶額頭上點朱砂,可以驅邪。

讓寶寶看日出。

讚美大地之母。

宣布寶寶的名字。

讓親人向寶寶致意。

讓寶寶接觸大自然。

爸爸告知寶寶他的名字。

用白布將寶寶包起。

每支蠟燭前面放一個名字。

點燃蠟燭,等待。

哪支蠟燭燒最久,
就取對應紙條上的名字。

請父母在最需要幫忙的時候過來。

祖父母也是育兒專家，
可以讓妳喘口氣。

若有好心親友願意幫忙，
儘管讓他們幫。

邀請身體健康的小孩和有經驗的
媽媽來家裡玩。

別邀太多訪客，留一些時間與新的
家庭成員培養感情。

請朋友負責安排餐點或聯絡
外送餐廳。

請朋友幫忙家事，讓妳專心
照顧寶寶。

與社區或教會的成員聯絡感情，許多人都很樂意
對新家庭伸出援手。

若負擔得起，不妨尋求專業協助，包括坐月子褓姆、清
潔工或雜貨外送服務。雖然會花點錢，卻很值得。

請客人將手洗乾淨。

讓客人先擺好姿勢,再把寶寶放上去。

讓寶寶躺在小小孩的大腿上。

讓小朋友觸摸寶寶的腳趾頭。

先讓寵物接觸其他小孩。

讓寵物嗅聞寶寶的衣物。

先撫摸寵物,再把寶寶帶進門。

一邊抱著寶寶,一邊安撫寵物。

做個空中廣告。

寄送好吃的客製點心,昭告天下。

用假護照發布好消息。

在屋頂上貼大布告。

寶寶滿月之前，包巾可以讓寶寶想起
子宮溫暖舒適的環境，安定心情。

可調整亮度的立燈，
方便閱讀或打盹。

有把手的搖椅，幫助支撐媽媽的手肘
和寶寶的頭部。枕頭和毯子
則可提供額外支撐。

將防溢乳墊、乳霜、拍嗝布
和梳子放在需要用到
的地方。

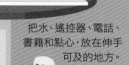

把水、遙控器、電話、
書籍和點心，放在伸手
可及的地方。

可調整高度
的腳凳。

解開衣服與寶寶肌膚接觸。

找到最舒服的姿勢。

擠出一、兩滴乳汁。

等寶寶張口。

先將寶寶的下巴貼近。

讓寶寶張大嘴。

讓寶寶含住整個乳暈。

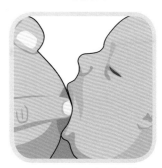

釋放壓力,重新調整姿勢。

＊妳和寶寶可能都要花一些時間,才能掌握哺乳的訣竅。
倘若妳開始覺得疼痛、焦慮或挫折,趕快尋求專業協助。

70 哺乳姿勢

基本搖籃抱姿

改良式搖籃抱姿

橄欖球抱姿

71 外出哺乳

穿著容易打開的胸罩。

穿有彈性的上衣。

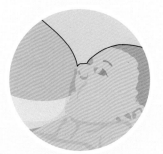
在寶寶開始哭鬧前哺乳。

找個舒服的地方哺乳。

側躺

雙橄欖球抱姿

雙搖籃抱姿

裝備齊全的嬰兒車 99

將腳墊高。

用背巾哺餵新生兒。

隔離外界刺激。

在餐廳盡量找有隔間的位子坐。

找個隱密的空間。

定時擠奶。

放寶寶的照片。

找些讓妳放鬆的娛樂。

在喇叭罩上塗抹羊脂膏。

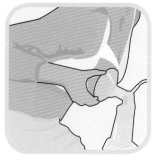

身體前傾，利用重力協助擠奶。

兩邊一起擠。

冷藏（最久可存放24小時）。

73　舒緩腫脹

用冰冷的包心菜葉冷敷。

哺乳前熱敷。

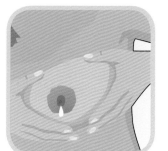

擠奶可舒緩腫脹感。

定時哺乳。

找到疼痛、發硬的地方。

多次哺乳以疏通堵塞。

熱敷。

淋浴按摩。

倘若妳感到乳房刺痛，或乳頭龜裂
不癒，請立刻尋求醫師協助。

羊脂乳霜

哺乳前後塗抹乳霜。

新生兒哺乳 69

檢查寶寶含吮的姿勢。

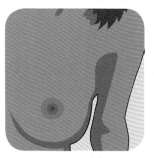

哺乳後讓乳頭風乾。

勤換防溢乳墊。

瓶餵

第一次使用前，先消毒奶瓶。

檢查滴乳速度。

手持奶瓶，不要將奶瓶靠在寶寶身上。

找到不會產生氣泡的角度。

 新生兒適用流速較慢的奶瓶嘴。
許多寶寶長大後，喜歡流速較快的奶瓶嘴。

如何加熱奶瓶

隔水加熱。

攪拌讓熱度平均。

確定乳汁熱而不燙。

餵奶！

餵奶中及餵奶後都要幫寶寶拍嗝。

不時換邊。

用洗碗機清洗或手洗。

奶瓶嘴若有破損，要即時更換。

幫寶寶拍嗝 78

墊一塊拍嗝布。

寶寶就定位。

輕撫或輕拍寶寶的背部⋯⋯

⋯⋯直到寶寶打出嗝來！

讓寶寶躺在平坦處，
有需要的話可以扣上安全束帶。

在寶寶身上蓋一塊布，
以免尿液噴濺。

將髒尿布包緊丟棄。

向下擦拭，清理排泄物。

包好尿布，鬆緊度合適。

將乾淨的尿布放在寶寶下面，需
要的話幫寶寶塗抹護膚霜。

把尿布放一邊。

將用過的濕紙巾和髒尿布一塊包好。

抬起雙腳和屁股。

由前往後擦拭；特別注意皮膚皺摺處的清潔。

尿布包和換尿布墊

嬰兒濕紙巾

尿布疹護膚霜

備用衣物和毯子

每小時要準備兩片
以上的尿布

固齒器

奶嘴

塑膠袋

奶瓶

筆記本

點心

爆尿布嗎?試用
更大片的尿布,
或換個牌子。

找個平坦的地方充當尿布台。

用外套包住寶寶,隔離災區。

在尿布外面
多包一層
大尿布,可
預防夜漏。

寶寶喜歡
拆尿布或伸手
進去嗎?用膠帶黏好。

隨時準備一桶肥皂水,
衣服髒了就丟進去。

檢查尿布是否需要更換。

確認衣服有沒有太緊。

換個環境，到室外走走。

隨著音樂搖晃。

打開吸塵器（或烘乾機）。

換個抱姿。

抱緊寶寶唱歌。

逗寶寶笑

用鏡子吸引寶寶注意。

83　按摩減緩新生兒腹絞痛

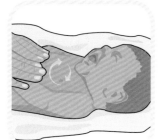

順時鐘按摩腹部。

幫寶寶雙腳左右換邊。

抓著腳轉圈。

將膝蓋壓向寶寶胸口。

1大匙橄欖油
4滴丁香精油

混合後在痛處按摩。

使用軟毛牙刷。

讓寶寶咬牙餅。

冷飲
冷的水果切片

用冰冷的食物冷敷。

要等寶寶準備好可以吃手抓點心後，
才能使用牙餅和冰水果。

泡一杯菊花茶。

洗臉巾

打結，放入菊花茶中浸泡。

冷凍。

讓長牙的寶寶咬。

定時開始準備上床。

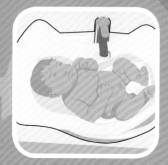

泡溫水澡可安撫寶寶。

讓寶寶吃飽。

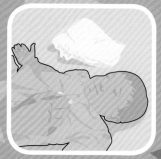

換下濕尿布或髒尿布。

讓房間變暗。

說故事或唱歌。

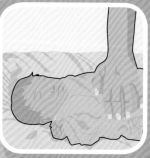

讓寶寶仰睡,輕拍寶寶。

無論身在何處,都採用同一套模式。

每天採用一成不變的模式,或許會讓妳有些倦怠。但對寶寶而言,
固定的睡前儀式,可以讓他知道上床時間到了,而能平靜下來準備
就寢。因此一旦建立了一套固定模式後,要盡量維持下去。

製造一些白噪音。

直立睡姿可預防食物倒流。

蓋一件溫毛毯幫寶寶暖身子,入睡後就拿掉。

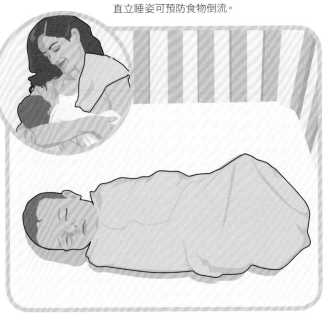

取一件有妳味道的衣物,緊緊包住寶寶。

如何假裝房子很乾淨

有客人要來嗎?只要10分鐘,妳就可以把家裡整理得看似整潔,掩人耳目。

打開一扇窗,
讓空氣流通起來。

利用可愛的寶寶轉移
客人的注意力!

將沙發坐墊翻面。利用毯子
或抱枕蓋住污漬。

將所有梳妝用品
和毛巾藏在浴簾後面。

把所有雜物丟進一
間房間，然後關上
房門。清潔溜溜！

用濕抹布快速擦拭洗
手台表面。

將髒碗盤藏在洗碗機或冷凍庫。

在爐子上
加熱肉桂
和丁香。

洗衣機和烘衣機
可以藏很多
東西。

清除裝有髒尿布的垃圾桶。

用吸塵器將客人會行經之
處清乾淨。

1 將寶寶放在瑜伽墊上。

2 抬高屁股，膝蓋伸直。

3 腳底貼地，但不要用力過度。

4 膝蓋著地，親寶寶一下。

1 坐下來，讓寶寶躺在兩腿之間。

2 吸氣，伸展腰部以上。

3 吐氣，身體向前伸展。

4 一邊吸氣一邊坐直；拍手。

155 寶寶飛行

※ 這個伸展操要等寶寶可以自行抬頭（約4個月大時）以後才做。

1 用小腿撐起寶寶。

2 抱住寶寶，上半身靠地。

3 舉起小腿。

4 跟寶寶頭碰頭。

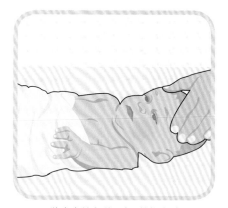

將寶寶放在毯子上，蓋住身體。

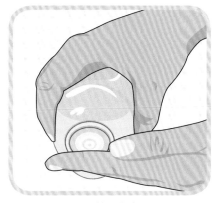

手抹按摩油。

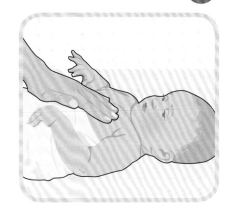

一手放在寶寶身上。

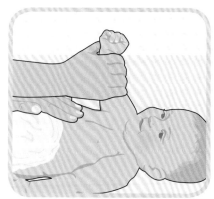

用擠奶的姿勢慢慢按摩。

輕壓。

從大腿按摩到小腿。

用大拇指畫圈。

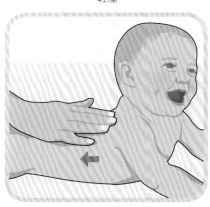

先按摩右邊，再按摩左邊。

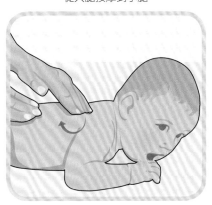

用指尖畫小圓圈。

91 肚臍護理

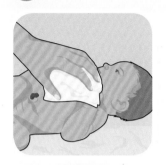

保持乾燥。

洗澡只能擦浴。

保持通風。

55 產婦在家休養

除非必要，否則不要擅自清理。

倘若寶寶出現感染症狀，例如紅腫、流血或有異味的分泌物，趕快尋求小兒科醫生的協助。如果寶寶的肚臍眼真的需要清潔，用水就好，不要用酒精。

92 幫寶寶擦浴

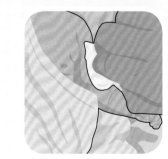

由鼻子向外擦拭臉部。

清潔所有皮膚皺摺處。

清潔腳趾間隙。

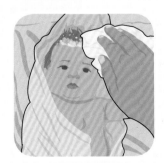

用濕毛巾洗頭。

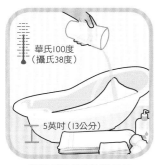

華氏100度
（攝氏38度）

5英吋（13公分）

準備好澡盆和沐浴用品。

撐住寶寶的頭和背。

用棉花球擦拭臉部。

從頭洗到腳。

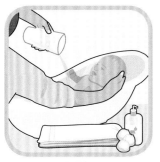

加熱水保溫。

讓寶寶身體前傾，清洗背部。

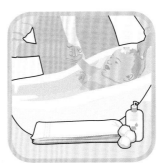

頭髮最後洗。

縫製可愛的帽毯 142

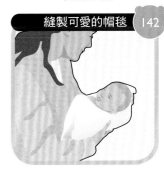

擦乾後穿上衣服。

潤滑體溫計。

抬高寶寶雙腳，一邊説話或唱歌。

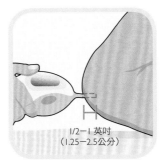

1/2－1 英吋
（1.25－2.5公分）

插入體溫計。

徹底清潔體溫計。

95　幫寶寶剪指甲

等寶寶平靜下來。

139 製作小手印

輕壓指腹，露出指甲。

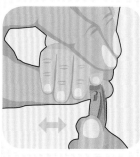

依照弧度修剪。

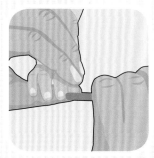

磨平不整齊的地方。

96　清潔寶寶的牙齦

捲一條乾淨的濕毛巾。

將寶寶抱近，搔搔嘴唇。

輕輕按摩上牙齦。

輕輕按摩下牙齦。

寶寶牙齒還沒冒出來以前，就要開始維持口腔衛生喔！
養成習慣，每次哺乳後都要幫寶寶清潔牙齦。

用橄欖油按摩頭皮。

讓頭皮吸收。

輕輕去掉頭皮屑。

用紗布擦拭，徹底清洗。

記得用軟毛刷去除頭皮屑。
妳也可以用手指清理。

讓寶寶趴著玩 〉 115

勤換尿布。

徹底清潔後擦乾。

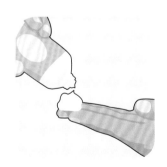

每次換完尿布都塗上尿布疹護膚霜。

讓紅腫處風乾。

用無氣味的嬰兒濕紙巾或水清理。
若出現嚴重的尿布疹，就要看醫生。

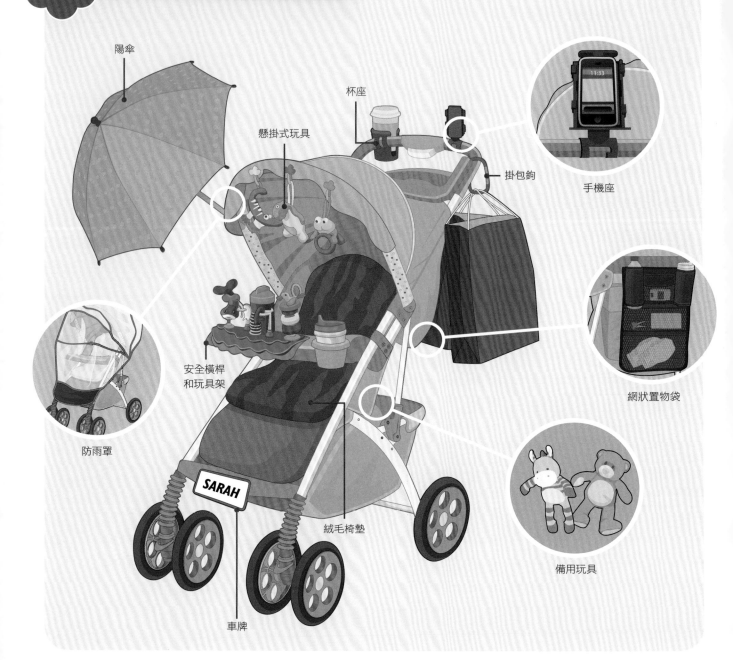

陽傘

懸掛式玩具

杯座

掛包鉤

手機座

安全橫桿
和玩具架

網狀置物袋

防雨罩

SARAH

絨毛椅墊

備用玩具

車牌

雖然無法帶著小寶寶進出健身房，妳還是可以到公園運動，得到的運動量甚至超乎預期。不妨試試看以下運動。

面朝下伸展
（狗爬式瑜伽姿勢）。

用寶寶的重量來加強手臂訓練。

一邊凝視寶寶，一邊做墊上運動，加強核心肌群力量。

小兒科醫生同意的話，可使用慢跑式手推車。

一邊用腳幫寶寶起身坐穩，一邊縮小腹。

IOI 製作食物泥

待寶寶開始進食固體食物，妳就可以嘗試各種新的食材組合了。不過要確定每一項食材寶寶吃了都沒問題。

黃節瓜、地瓜和蘋果泥
（7個月大以上寶寶適用）

2杯（475毫升）水

1/2杯（55公克）切片黃節瓜

3/4杯（95公克）切片蘋果

1/2杯（65公克）切片地瓜

煮軟後瀝乾。

肉桂

適量調味。

白花椰菜、雞肉和節瓜泥
（12個月大以上寶寶適用）

2杯（475毫升）水

1/2杯（25公克）白花椰菜

1/4杯（30公克）切片節瓜

1/2杯（75公克）切片雞肉

煮軟後瀝乾。

百里香

適量調味。

扁豆、菠菜和紅蘿蔔湯
（12個月大以上寶寶適用）

2杯（475毫升）水

3/4杯（150公克）紅扁豆

1/4杯（30公克）切片紅蘿蔔

1/4杯（8公克）菠菜

煮軟。

果汁機攪碎。

椅子下面放塑膠墊。

將寶寶抱進座位，扣上安全束帶。

綁好圍兜。

使用兩支湯匙。

讓寶寶用鴨嘴杯喝水。

將食物切成小口。

不強迫寶寶吃他不愛的食物。

不成功？再接再厲！

將煮好的食物放涼。

倒進製冰盒。

冷凍。

用兩層塑膠袋裝好，並註明
內容和製造日期。

適合寶寶的手抓食物

寶寶在9個月大左右，就可以開始吃手抓食物了。對寶寶來說，抓起一口大小的軟食物（大約妳的指甲大小）塞進嘴巴，不但是有趣的挑戰，也可以訓練寶寶的細部動作和協調能力。

多準備一些小容器，裡面裝滿新鮮點心，隨時備用。

135 製作拼圖三明治

準備一些健康沾醬，例如蘋果泥、酪梨莎莎醬、鷹豆泥沾醬和優格醬，增加用餐的樂趣。

每樣食物都切成一口大小。

將紅蘿蔔和其他較硬的蔬菜蒸軟。

在濕點心（例如水果拼盤）上撒一些全麥碎片，吸引寶寶。

份量不要太大。讓寶寶少量多餐，並提供多樣選擇。

就算寶寶可以自己進食，用餐時父母還是要隨時注意這個仍在學習的小美食家。

選擇家庭式餐廳。

多給點小費！

避開用餐尖峰時間。

在桌上鋪墊子，
方便放置手抓食物。

選有隔間或角落的位置。

帶著寶寶最喜歡的玩具，
以便寶寶情緒失控
時使用。

幫寶寶繫好安全束帶。

準備一些安靜的娛樂活動，
例如蠟筆和書籍。

自備食物、飲料和餐具。

將桌上的東西放在寶寶抓不到的地方。

準備必要的點心、尿布和玩具。

車內安裝寶寶後視鏡。

裝上遮陽簾。

準備一些讓寶寶看的玩具。

說話、唱歌或播放音樂。

在路上找地方停下來休息。

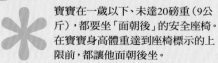

寶寶在一歲以下、未達20磅重（9公斤），都要坐「面朝後」的安全座椅。在寶寶身高體重達到座椅標示的上限前，都讓他面朝後坐。

垃圾袋

傘

點心

防曬油

戶外玩具

乾洗手

尿布疹護膚霜

室內玩具

濕紙巾

嬰兒濕紙巾

備用衣物

毯子

尿布

購物袋

礦泉水

大人的上衣

急救包

大人的褲子

使用通過安全檢測的座椅。

將推車推到登機門再託管。

攜帶備用品。

起飛時讓寶寶喝奶。

在廁所換尿布。

準備新玩具，轉移寶寶注意。

寶寶不開心時，起身走一走。

降落時讓寶寶喝奶。

一有機會就好好照顧自己的需求,才能減輕身為新手媽媽的辛勞。有幾種簡單的方法可以讓妳慢下腳步、放輕鬆,這樣才更能享受這段特別的時刻。

花一些時間整理頭髮。

找機會化妝。

跟寶寶一起休息。

舒服地泡個澡。

保持與外界的聯繫;跟親友聊天。

好好坐下來吃飯。

降低自我要求；不要想凡事親為。

找機會獨處，走路、閱讀或靜坐。

活在當下，先把髒衣服放一邊吧！

用芳療紓解壓力，是一種快速、有效又愉快的方式。
在擴香器上或水浴中加幾滴下列精油，然後深吸一口氣。

依蘭
紓解壓力和焦慮

檀香
讓心情愉快、放鬆

薰衣草
舒緩疼痛和緊繃

眼前這個可愛、淌著口水、對妳一臉著迷的寶寶，很快就會將妳視為一場最精采的表演，光是瞪著妳看他就開心得要命。妳的表情真是太神奇了！妳的聲音實在太美妙了！當妳對著他的小肚子吹氣時，他笑得簡直喘不過氣來。最棒的是，寶寶一直在「邊玩邊學」。妳每做一個鬼臉，他就越了解自己置身的這個世界。等到他越長大、變得更聰明、感情更豐富，妳就可以變更多花樣。妳根本不需要去買貴得要命的玩具（那些就留給祖父母去買吧），只要想辦法把日常用品變成玩具就行了。一些日常生活的動作，也可以變成寶寶探索世界的大好機會。當然啦，妳接下來可能要玩大約400萬次的躲貓貓和拍手遊戲，還要在公園陪他推上幾10億次的鞦韆，但別忘了，這代表妳也可以一起玩呀！而且，這回妳總算搆得到單槓啦！當大人真好！

玩耍

扮鬼臉、搖頭晃腦，加上好笑的配音。

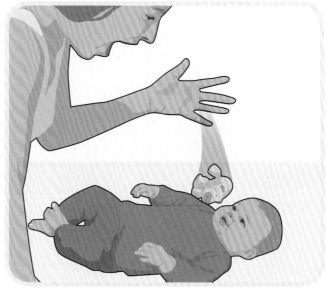

讓柔軟的玩具掉下來，配上「噗通」或「喔噢」的聲音。

輕咬寶寶的腳趾，用滑稽的聲音説話。

吐舌頭發出呼嚕呼嚕的聲音，用鼻子幫寶寶的肚子搔癢。

雖然寶寶1週大時就能辨識不同顏色，上面這些高對比的圖案，仍最能刺激寶寶的視覺。不妨在寶寶看得到的牆上，掛上一些黑白照片。

慢慢擺動色彩鮮豔的玩具。

佈置育嬰房 41

在牆上掛一些高對比的圖案。

穿條紋衣！

將玩具拉過寶寶眼前，讓他用目光追隨。

113　跟寶寶玩耍

0到3個月大	3個月大以上	6個月大以上	9個月大以上

寶寶飛行
可減緩腹絞痛，
強化寶寶肩
頸的力量。

♫ **吊床遊戲**
♫ 強化寶寶的
平衡感和頸
背的力量。

滾球
培養平衡感，
促進動作和協調性。

堆積木
訓練細部動作，
加強形狀辨
識能力。

旋轉彩帶
可大大增進視覺
追蹤和手眼
協調能力。

製造聲響
促進聽覺追蹤的
能力，並幫助了
解因果關係。

在大自然中漫步
提供感官刺激。

枕頭障礙賽
培養身體感知，
加強腳眼協調。

114　製作冰敷兔

1 攤平洗臉巾。

2 沿對角線捲起來。

3 對折布捲。

4 用橡皮筋綁起來。

12個月大以上	18個月大以上	24個月大以上	30個月大以上

追泡泡
促進手眼協調，
提供觸覺刺激。

玩沙
增加細部動作技巧，
提供觸覺刺激。

寶寶主演的布偶秀
刺激想像力，促進語言
發展和社交技巧。

放大鏡
幫助了解因果關係，
增加感官體驗。

模仿遊戲
促進社交能力，
增加身體感知。

密封塑膠罐搖鈴
刺激寶寶的肢體創作，
培養節奏感。

邊洗澡邊玩倒水遊戲
讓寶寶學習解決問題，
訓練細部動作。

扮家家酒
發揮創造力，促進社交技巧。

冷凍固齒器　85

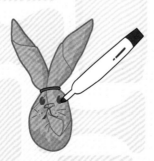

5 展開「耳朵」。

6 畫上臉部五官。

7 裡面塞一塊冰塊。

8 冰敷受傷的地方。

撐起寶寶,增加視野。

讓寶寶有東西可看。

跟寶寶肚子碰肚子(也可以鼻子碰鼻子)。

用腿撐起寶寶。

躺下來與寶寶對望。

53 新生兒抱姿

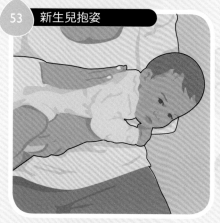

讓寶寶趴在妳的手臂上。

 趴著玩可以強化寶寶頸部和身體的肌力。寶寶若能趴著四處張望,會玩得比較開心,所以不妨將他的身體墊高。如果寶寶還是不開心,不要讓他一次俯臥太久。

訓練寶寶坐起身 116

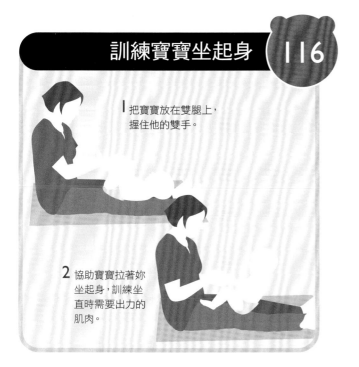

1 把寶寶放在雙腿上，握住他的雙手。

2 協助寶寶拉著妳坐起身，訓練坐直時需要出力的肌肉。

鼓勵寶寶翻身 117

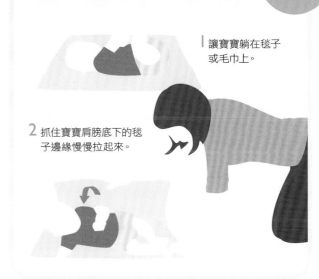

1 讓寶寶躺在毯子或毛巾上。

2 抓住寶寶肩膀底下的毯子邊緣慢慢拉起來。

讓寶寶用手肘支撐身體 118

1 讓寶寶俯臥在柔軟的平面上，手肘擺在肩膀下。

2 慢慢抬起寶寶的屁股和身軀，然後放下。這個動作可以幫助寶寶學爬。

手推車遊戲 119

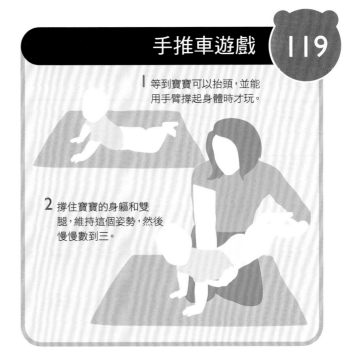

1 等到寶寶可以抬頭，並能用手臂撐起身體時才玩。

2 撐住寶寶的身軀和雙腿，維持這個姿勢，然後慢慢數到三。

自製花樣毛毯

取兩塊布和多款緞帶。

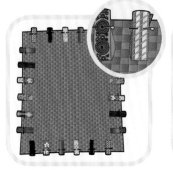
用大頭針將緞帶固定在布緣。

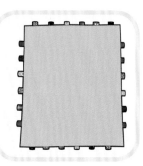
蓋上第二塊布。

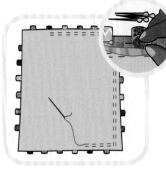
將邊緣縫起來,拿掉大頭針。

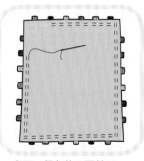
留下一個角落不要縫死。

將內面向外翻。

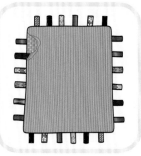
整平。

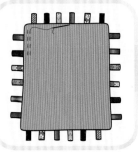
將最後一個角落也縫起來。

妙用無窮的花樣毛毯

讓寶寶趴在毯子上玩。

披掛在購物車上。

87 解決睡眠問題

哄睡用。

幫好朋友蓋被。

遮住身體，只露出一部分在外。

玩具在哪兒唱歌呀？

猜猜看東西藏在哪個杯子裡？

用蓋子蓋住寶寶最喜歡的玩具。

從指縫偷看。

突然露臉微笑。

用小毯子遮住臉。

讓寶寶將毯子掀開。

用毯子遮住寶寶的眼睛。

馬麻又出現了！

把玩具藏在身後。

玩具又出現了！

124 拍手遊戲

蛋糕師父做蛋糕，拍!拍!拍!

拍手。

快來幫我做蛋糕，捲起來……

拳頭轉圈。

拍!拍!拍!

做出拍麵團的動作。

上面畫個B。

抓著寶寶的手，畫一個B。

丟進烤箱烤出一個，大蛋糕!

把蛋糕丟進去!

125 搖搖看遊戲

將塑膠容器清乾淨。

放進一些大東西，裝到半滿。

緊閉瓶蓋。

小寶貝，用力搖吧!

只要將音樂和舞蹈融入日常生活，每天都可以像是在參加舞會。妳可以拍打節奏、唱歌、哼歌、跳舞，或播放妳最愛的音樂。

用圍巾畫圈圈，娛樂寶寶。

抱著妳的小小舞伴，隨著古典樂擺動。

跳嘻哈舞。

播放一些進行曲，學儀隊隊長走路。

如何假裝房子很乾淨 88

跳一場定格舞。

做家事的時候，編歌亂唱（亂跳）。

跳支爵士舞。

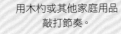

用木杓或其他家庭用品敲打節奏。

用滑稽的聲音唱歌——高音、低音、極大聲或超小聲。

用手頂著寶寶的腳。

將誘餌放在寶寶搆不到的地方。

將玩具放在10點鐘和2點鐘方向。

製造隧道。

將玩具擺在寶寶搆不到的角度，可以誘導寶寶由
原本的坐姿，變成將一邊膝蓋往前，爬出第一步。

129　寶寶肢體發展的里程碑

這是寶寶肢體發展的一般原則。但別忘了，
每個寶寶學爬學走，其實都有自己的步調。

1個月大
躺在平面上，抬起頭來

2至3個月大
撐著前臂抬頭

3個月大
將頭部和胸部撐離地面

3至4個月大
翻身，從趴臥翻轉為仰臥

4至5個月大
靠外物支撐坐著

5至6個月大
自行坐著

給寶寶可以推的東西。

扶著她的身體，歡呼！

讓她脫鞋走路。

製造光點讓寶寶追。

6至11個月大
單腳爬、匍匐前進或爬行

7至10個月大
撐起身子站立；抓著家具或學步車走路

10至14個月大
自己站

12至14個月大
自己走

14個月大以上
走得穩，還可以一邊拉玩具

帶寶寶購物

唸出要買的商品名稱,告訴寶寶妳在做什麼。

讓寶寶嗅聞、觸摸安全的物品,可以刺激寶寶的感官。

用新鮮水果作為寶寶付出耐心的獎勵。

1

讓寶寶將非易碎物品丟進籃子裡。

在觀眾席中娛樂寶寶

跟寶寶玩「請你跟我這樣做」的遊戲,鼓勵寶寶模仿妳的動作。

跟寶寶玩手指遊戲。

把拇指藏在拳頭裡,突然翹起來!

在襪子裡裝無聲小玩具。

玩「這是什麼」的遊戲。請寶寶指出五官或身體其他部位。

在口袋或袖子裡藏小玩具，跟寶寶玩捉迷藏。

跟寶寶玩拍手遊戲。

抱緊寶寶，唱歌給他聽。

帶一台玩具電話，讓寶寶打幾通重要的電話。

拔掉鍵盤的插頭，讓寶寶玩按鍵。

讓寶寶玩鑰匙圈。

跟寶寶一起揉廢紙，然後讓他把紙團丟進回收桶。

134 製作香蕉章魚

香蕉皮剝一半。

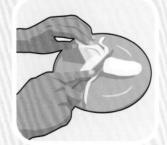
切下外露的香蕉肉。

將香蕉皮剪成章魚腳形狀。

擺好章魚的姿勢。

戳洞變成章魚的眼睛。

香蕉肉切片。

無毒彩色筆
畫出嘴巴。

適合寶寶的手抓食物　104
上桌！

135 製作拼圖三明治

加入柔軟的內餡。

切下形狀。

擺盤後上桌。

讓寶寶邊玩邊吃！

下列物品可以刺激寶寶的感官。
妳可以讓寶寶一次玩一個，並在旁小心監督。

觸覺

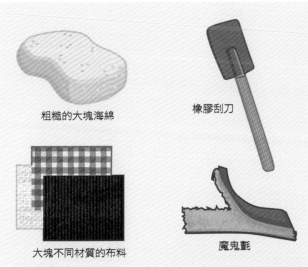

粗糙的大塊海綿

橡膠刮刀

大塊不同材質的布料

魔鬼氈

視覺

安全鏡子

將色彩鮮艷的玩具
放進密封盒中

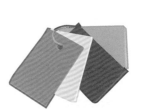

各種顏色的色紙

色彩鮮艷、形狀各異的物品

聽覺

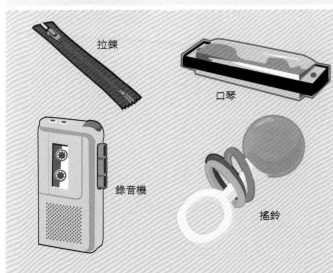

拉鍊

口琴

錄音機

搖鈴

嗅覺

整顆大檸檬

有香草香氣的玩具或布料

無毒的花

包在紗布裡
的肉桂條

在公園裡辦寶寶趴

幫寶寶多塗點防曬油,然後到公園找其他家長和小朋友玩。
幼兒喜歡盯著其他小朋友,或在旁邊玩,通常不會玩在一塊。
但對家長來說,跟其他父母見面,絕對受益良多。

在寶寶能坐直身子、有自信之前,用手撐著寶寶溜滑梯。

教導寶寶要跟其他小朋友輪流玩。

裝沙、倒沙,或將玩具埋起來讓寶寶找。

多帶一些玩具,可避免上演玩具爭奪戰。

離開前先讓寶寶有心理準備，以免寶寶情緒失控。

將寶寶包在前置式背巾裡，慢慢盪鞦韆。

跟別人聊天時，別忘了也要顧好寶寶喔！

帶一些手抓食物和大家分享。

讓學步的寶寶在草地上追泡泡。

先在地上鋪一層塑膠墊。

在桌上貼畫紙。

為寶寶夾上紙巾。

擠出顏料。

示範給寶寶看。

讓寶寶盡情發揮。

掛起來晾乾。

裱框展示。

在寶寶手上塗無毒顏料。

準備好畫紙。

用力壓。

44 用模版畫裝飾育嬰房

大方展示出來。

將保鮮膜貼在桌上。

加上顏料和刮鬍膏。

上面覆一層保鮮膜。

寶寶盡情擠壓作畫，也不怕弄髒。

取一只盤子，裝滿水。

放入刷子和海綿。

用水在紙、石頭或水泥上作畫。

乾了以後還可以繼續畫。

142 縫製可愛的帽毯

14英吋（36公分）

從毛巾上剪下半圓形。

2又1/2英吋（6公分）

剪下四片耳朵。

耳朵兩兩成對，縫在一起。

用大頭針將耳朵固定在兩塊半圓形中間。

把邊緣
（包括耳朵的部分）縫起來。

內面向外翻；
用大頭針在毛巾上固定好位置。

將帽子縫在毛巾上。

93 幫寶寶泡澡

把寶寶放進帽毯裡。

吹泡泡。

舀水、攪拌、倒水。

找玩具。

讓鴨鴨浮出水面。

用噴水瓶洗澡。

寶寶如果怕水，
可試著戴寶寶蛙鏡。

將各種形狀的泡
綿貼在浴缸側邊。

將玩具和用品放在伸手可及的地方。
寶寶在浴缸裡時，一定要在旁看顧。

小蜘蛛遊戲

1

有一隻小蜘蛛……

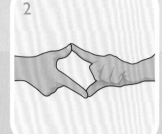

2

爬上排水管。

3

一場雨下來，

4

小蜘蛛沖下來。

5

太陽來了，雨水乾了，

6

小蜘蛛又爬上排水管。

用黑線縫製眼睛。

收尾的結打在襪子內面。

縫上表情。

縫上不織布當頭髮。

搔癢！

辨認身體的部位。

在嬰兒床掛上毯子帷幕，表演人偶秀。

102　從容用餐

表演寶寶的一天。

佈置舞台，演一齣寶寶耳熟能詳的故事，配上歌曲和好笑的聲音。

玩捉迷藏。

一起看有照片、人臉和鮮艷
色彩的書籍。

熱烈討論內容。

看圖說故事。

選用硬頁書。

反覆讀妳最愛的故事。

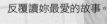

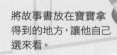

將故事書放在寶寶拿
得到的地方,讓他自己
選來看。

佈置一處舒服的地點,讓妳跟寶寶
每天都能依偎著看書,增加寶寶的字
彙、刺激他的想像,並培養親子感情。

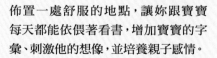

把拔，馬麻！

複誦一些單音字。

咕嘰咕嘰
咕嘰！

與寶寶對看，模仿寶寶的聲音。

嗨！
小寶貝！

善用手勢。

我們來
澆水吧！

幫自己的動作配音。

有一隻
小貓咪！

說出寶寶看到了什麼。

一塊餅乾、
兩塊餅乾。

數數。

牛牛會說
什麼呀？

問問題。

嗨，阿公！
嗨，阿嬤！

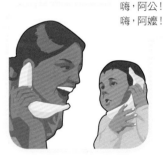

玩電話遊戲，複誦詞彙。

抓胳肢窩。

捻鬍子。

用手指當作鳥喙。

用爪子抓胸口。

150 在春天漫步

聆聽打在雨傘上的雨聲。

停下來，仔細瞧瞧
小水窪的世界。

弄濕身體也沒關係，反正
晚點擦乾就行了。

回家後喝些
熱飲。

151 炎夏玩水樂趣多

讓影子也來加入海灘趴！

跟寶寶一起踩水。但千萬
不要讓寶寶自己玩水、
無人看顧。

盡量待在陰涼處，
防曬油要塗夠。

野餐；
記得多喝水。

跟寶寶一起抓落葉。

躺在嘎吱作響的落葉上，仰望秋天的天空。

一邊探險，一邊收集美麗的落葉。

腳踢落葉紛飛。

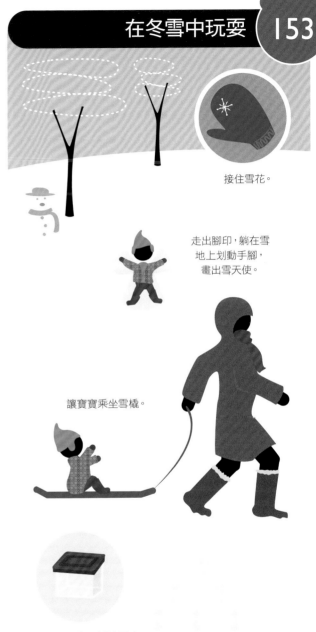

接住雪花。

走出腳印，躺在雪地上划動手腳，畫出雪天使。

讓寶寶乘坐雪橇。

用廚房塑膠容器製造雪磚。

玩降落傘遊戲、製造堡壘、讓寶寶拍鬆枕頭。

用襪子做玩偶、用烘好的毛巾玩躲貓貓。

讓小朋友將塑膠餐盤歸位，或配對鍋蓋。

小小幫手可以幫忙擦東西、清畚箕、拆垃圾信件。

與寶寶面對面而坐。

用手撐住寶寶的腋下。

問寶寶準備好了沒？

三、二、一
……

倒數計時，要起飛囉！

向後躺，寶寶升空。

與寶寶對望。

放下寶寶，飛機降落。

帶寶寶坐飛機 108

多玩幾次；
寶寶如果害怕了，就要停下來。

抱著寶寶面向妳。

抓住寶寶的腋下。

唱歌，隨音樂彈跳。

讓寶寶躺著玩彈跳遊戲。

1 封妥紙箱。

2 切出座椅和車門的位置。

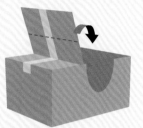

3 折做前擋風板。

4 切出擋風板的形狀，
用膠帶黏起來。

5 用漿糊黏上盤子
做為車輪。

6 黏上杯子做為車燈。

7 裝飾車子。

8 加裝座墊。

106　開車出遊

包裝鞋盒,製作成大型輕便積木。

堆一些積木,讓寶寶推倒。

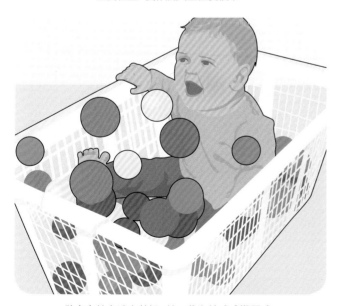

將寶寶放在洗衣籃裡,放一些海綿球或塑膠球。

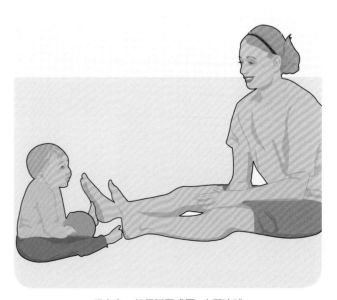

跟寶寶一起用腳圍成圈,來回滾球。

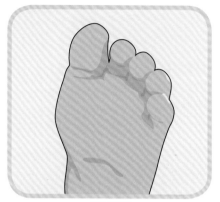

捕捉細節。

自然採光。

蹲下來與寶寶同高。

試拍黑白照。

近距離拍照。

和寶寶合照。

保持背景清爽。

拍幾張有品味的裸照。

隨時準備好相機！

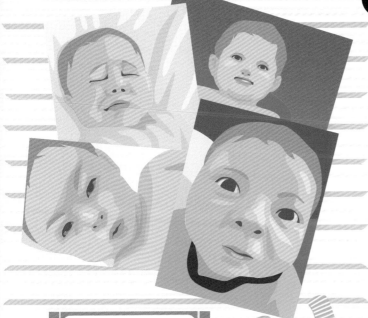

讓寶寶與寵物相見歡 65

將寶寶的怪表情組成
好笑的拼貼照。

按主題分類照片。

第一步。

第一顆牙齒。

第一個笑容。

記錄每個第一次。

161　復古搖擺裝

- 復古帽
- 時髦墨鏡
- 復古連身褲
- 復古鞋

162　龐克寶寶勁舞

- 貝克漢頭
- 歌德風連身衣
- 黑色蓬蓬裙
- 畫有骷髏的配件

163　環保小尖兵

- 有機純棉帽
- 大豆油墨印製的T恤
- 竹纖瑜伽褲
- 再生鞋

164　放鬆的嬉皮寶寶

- 紮染帽
- 迷你非洲上衣
- 鉤針織褲
- 麻纖維做的鞋子

拿一件大人穿的襯衫，剪下衣袖。

取一件寶寶的褲子，對折。

把寶寶褲子的輪廓描在袖子上。

沿線條剪下來。

將衣袖內面向外翻。

把外翻的衣袖塞進另一條衣袖裡。

在兩層衣袖的上方，以大頭針固定後縫好。

翻面，將剩下的兩層衣袖也縫起來，變成褲襠。

將兩條褲管分開來，鬆緊帶繫在腰部。

布料下折，蓋過鬆緊帶，縫好。

慶生會要避開寶寶小睡的時間。

先餵飽小小貴賓。

指定一位客人負責拍照。

邀請這一年來
對妳伸出援手的親友。

準備適合小朋友吃的點心。

134 製作香蕉章魚

讓較大的小孩幫忙拆禮物。

寶寶若露出怯意，就帶他到人較少的地方。

慶生會力求小巧簡單。

讓寶寶吃蛋糕！

開心慶祝！妳撐過一整年了！

製作記憶寶盒，讓客人寫下祝福。

發送書籤之類的紀念品。

工具圖示

 尿布包　 不織布假髮　 電扇　 果醬　 緞帶

 電扇　 茶包　 馬克杯　 錢　 枕頭　 胎盤　 嬰兒用品　圖卡

 褲子　 包心菜葉　 樹苗　 冰塊　 凡士林　 敷布　 食物　 寶寶包

 襯衣　 積木和球　 洗髮精　 保鮮膜　 塑膠墊　 薰衣草　 視覺玩具　 背巾

 帽子　 蔬果　 澆花壺　 娃娃　 裁縫線　 娛樂用品　 蘋果　 互動式玩具

 椅子　 布　 體溫計　 優格　 膠帶　 杯子　 切小塊的食物　冰桶

 毯子　 洗手乳　 嬰兒濕紙巾　 形狀玩具　 製冰盒　 睡衣　 刮鬍膏　 剪刀

 湯匙　 毛巾　 睡袋　 毛衣　 水桶　 飲料　 創意玩具　漆刷

 鴨嘴杯
 汽車安全座椅
 枕頭
 泳鏡
 毛線
 麵包
 顏料
 大頭針

 石膏粉
 制酸劑
 尿布疹護膚霜
 瓶子
 小熊玩偶
 圖案
 三明治
 蠟筆

 指甲銼刀
羊毛
 汽車玩具
 火柴
 丁香精油
 籃子
 蠟燭
 鴨子玩具

 小豬玩偶
 乳液
 飛機玩具
  蜂蜜
 餅乾
 合板
 衣夾
 絨毛玩具

 圍兜
 牙刷
 小魚玩偶
 刷子
 畫筆
 鑰匙
 坐浴盆
  線

   小黃瓜和西瓜
猴子玩偶
 小球
 日記
 毛巾
海綿
餅乾
輕食

 小球（第一排）
 日記
 毛巾
 海綿
 餅乾
 輕食

 娃娃
 小熊玩偶
 小球
 小熊玩偶
 畫框
 膠帶
 香蕉
擠乳器

  尿布
 嬰兒油
 網子
 畫筆
 盒子
 高枕
計程車
 羊脂膏

 絨毛玩具	 繃帶	寶寶取名字條	 點心
派盤	寶寶食物	照相機	手電筒

襪子	嬰兒沐浴乳	紙盤	橄欖油
彩色筆	無毒顏料	食用色素	筆

尿布墊	塑膠墊	紙	模版畫
針	音響	啞鈴	 剪刀

 窗簾	畫框	筆	寶寶浴盆
刀	油漆盤	照片	粗低跟鞋

孕婦專用維他命	手抓食物	棉花棒	棉花球
餅乾模	指甲剪	鏡子	時鐘

尺	奶瓶	毯子	枕頭
鏟子	吸塵器	紅色顏料	 織物筆

鬆緊帶	漿糊	塑膠袋	防溢乳墊
攜帶式音響	鍋子	鑰匙	嬰兒車掛袋

橡皮筋	紙巾	杯水	托腹帶
湯匙	垃圾桶	桌子	美工刀

SHOW MOM HOW：
變身超級媽咪圖解手冊

作　　者：莎拉‧海因斯‧史蒂芬斯

翻　　譯：鄭方逸

特約編輯：許鈺祥

責任編輯：黃正綱

總 編 輯：張東君

美術編輯：徐曉莉　劉同彩

發行人：李永適

出版者：大石國際文化有限公司

地址：台北市羅斯福路4段68號12樓之27

電話：(02) 2363-5085

傳真：(02) 2363-5089

2011年（民100）11月初版

定價：新臺幣350元

本書正體中文版由 Weldon Owen Inc.

授權大石國際文化有限公司出版

版權所有，翻印必究

ISBN：978-986-87374-6-4（平裝）

＊ 本書如有破損、缺頁、裝訂錯誤，

請寄回本公司更換

總代理：大和書報圖書股份有限公司

地址：新北市新莊區五工五路 2 號

電話：(02) 8990-2588

傳真：(02) 2299-7900

國家圖書館出版品預行編目（CIP）資料

SHOW MOM HOW：變身超級媽咪圖解手冊
莎拉‧海因斯‧史蒂芬斯作；鄭方逸翻譯
-- 初版. -- 臺北市：大石國際文化，民100.11
144頁；20.3×20.9公分
譯自：Show mom how
ISBN：978-986-87374-6-4（平裝）
1.母親　　2.育兒
544.141　　　　　　　　100020926

ILLUSTRATION CREDITS The artwork in this book
was a true team effort. We are happy to thank and acknowledge our
illustrators.

Front Cover: Britt Hanson: info people Tina Cash Walsh: massage
baby, book

Back Cover: Tina Cash Walsh: induce labor, trim nails Christine
Meighan: paint under plastic

Key bg=background, fr=frames

Juan Calle (Liberum Donum): 1, 2, 5, 11, 12, 30, 31, 32, 40, 45, 57, 58,
59, 60, 61, 62, 109 fr, 130 fr, 131 fr, 132 fr, 133 fr, 137, 161, 162, 163, 164,
166 Hayden Foell: 15, 48, 103 Britt Hanson: 34, 42, 67, 81, 88, 100,
113, 143 bg, 150, 151, 152, 153 Rachel Liang: 4, 8 Christine Meighan:
68, 104, 125, 135, 139, 140, 142, 145, 146 extra art Paula Rogers: 9, 16,
53, 54, 64, 65, 79, 84, 85, 90, 91, 92, 115, 158 Jamie Spinello: 23, 24, 37,
55, 56, 69 bg, 70, 109 bg, 126 Ross Sublett: 25 Stephanie Tang: 36
Bryon Thompson: 13, 20, 21, 22, 89, 114, 116, 117, 118, 119, 130 bg, 131
bg, 132 bg, 133 bg, 157 Lauren Towner: 3, 10, 33, 86, 112, 127, 128, 129
Gabhor Utomo: 26, 27, 28, 29, 35, 38, 39, 41, 49, 50, 51, 52, 63, 66, 69,
82, 87, 102, 105, 108, 110, 111, 121, 122, 123, 124, 134, 138, 141, 143 fr,
146 fr, 147, 148, 149, 154, 155, 156, 159, 160 Tina Cash Walsh: 17, 18,
19, 46, 47, 71, 72, 73, 74, 75, 76, 77, 78, 80, 83, 93, 94, 95, 96, 97, 98, 106
Mary Zins: 43, 44, 99, 120, 144, 165

最後的叮嚀

讀完這本書後，妳應該已經明白，天下沒有完美的父母。但只要記住一些訣竅（#81），捲起袖子（#165）好好幹，並留一些時間給自己（#109），我們還是可以變身為超級媽媽的。我得起飛啦！還有寶寶嗷嗷待哺（#106）、正等著我安慰（#114）呢！讓我們一起展開冒險（#108）吧！

關於Parenting ——
《養育》雜誌

《養育》是美國最具聲望的親職雜誌,提供為人父母者關於養育子女方面真誠而實際的建議,讓父母在善盡教養責任之餘,也能享有自己完整的生活。《養育》雜誌於1987年創刊,目前擁有超過200萬名訂戶,是「養育集團」的事業體之一,集團內還包括Parenting.com網站,及《孕事》(Conceive)、《兒語》(Babytalk)兩本雜誌。

嗨,媽!

我們的讀者個個才華洋溢、絕頂聰明,我們很希望了解各位的想法和建議,也很樂意收到大家展現獨家育兒術的照片或影片,你可能就有機會登上我們的網站,甚至在我們的下一本書中現身喔!

 可上網: www.showmenow.com

 來信請寄: SHOW ME TEAM
Weldon Owen Inc.
415 Jackson Street
San Francisco, California 94111